나를

일으키는

글쓰기

인생 중반,
나에게 주는
작은 선물

이상원 지음

나를

일으키는

글쓰기

한 걸음 물러나야 선물이 보인다.

그렇게 한 걸음 물러나는 좋은 방법 중 하나가 글쓰기다.

나에 대해 쓰고, 다시 읽고,
새로이 찾아가는 시간

지난 가을, 나는 날마다 감 먹으러 찾아오는 새들을 구경하느라 시간 가는 줄 몰랐다. 우리 집 창문 바로 앞에 서 있는 감나무로 한번은 작은 새들이, 조금 있다가는 큰 새들이 우르르 몰려오곤 했다. 시내 한복판 동네에 이렇게 여러 종류의 새가 산다는 걸 그때 처음 알았다. 다세대 주택 2층에 사는 덕분에 나뭇가지 위나 감꼭지 위에 앉은 새들이 고개를 갸웃대며 즐겁게 감을 쪼아대는 모습을 같은 높이에서 실감나게 내다볼 수 있었다.

십여 년 전 이사했을 때부터 옆 건물과 경계가 되는 좁은 정원에 감나무가 있어 좋았다. 감이 잔뜩 열린 해에는 여러 개 따먹기도 했다. 창밖으로 손을 내밀어 따고 깎아서 바로 먹는 단감의 맛이란……. 작년에는 감이 별로 달리지 않아 굳이 딸 생각을 못했는데 뜻밖에 새들의 만찬을 구경하는 선물을 받은 것이다.

즐거운 만찬을 구경하면서 은근히 걱정되기도 했다. 저 감을 다 먹고 나면 어쩌나? 이 많은 애들이 다 배를 곯는 건가? 나라도 뭔가 먹을 것을 마련해줘야 하나? 주변에 물어보았더니 염려 말라고, 곡식은 줘도 사양하고 기름진 땅콩이나 대접해야 입을 댈 정도로 알아서 잘 찾아 먹는 애들이라고 했다. 그 애들의 만찬은 맛 좋은 속살에서 시작해 마지막 껍질까지 다 먹고 난 후에야 끝이 났다. 겨울을 무사히 보낸 새들은 이제 다시 찾아온 봄을 신나게 짹짹거리고 있다.

작년뿐 아니라 그전에도 새들은 아마 늘 감나무를 찾아왔을 것이다. 아침에 눈뜨면 서둘러 채비해 뛰쳐나갔다가 어두워져야 들어오는 일과 때문에 내가 보지 못했을 뿐이다. 말하자면 예상하지 못한 전염병 사태로 집에 머무는 시간이 많아진 덕분에 누린 선물이었다. 늘 주어져 있는 선물이었는데 전혀 몰랐던 것이다.

삶에는 이렇게 모르고 지나가는 선물이 곳곳에 많은 듯하다. 어디를 다쳐봐야 평소 다치지 않고 지내던 게 선물이라는 걸 안다. 만나지 못해야 내킬 때마다 만났던 게 선물이라는 걸 안다. 늘 무심히 지나치던 나무에 꽃이 피어야 비로소 그게 꽃나무라는 걸, 내내 자리를 지키다 꽃구경까지 시켜준다는 걸 안다. 이런 선물을 발견하게 되는 것도 선물 같은 순간이다.

분주하게 뛰어다니는, 그리하여 '감 따먹는 일'에 정신이 팔린 동안에는 선물을 찾아내는 선물 같은 순간을 맞이하기 어렵다. 한 걸음 물러나야 선물이 보인다. 그리고 그렇게 한 걸음 물러나는 좋은 방법 중 하나가 글쓰기다. 특히 인생 중반의 글쓰기는 삶 속의 선물, 더 나아가 삶이라는 선물을 찾아갈 기회가 된다고 생각한다. 가족에게 의존하며 공부하고 준비하는 단계, 자립하여 일하고 누군가를 책임지는 단계를 조금 지난 후에 누리게 되는 인생 중반은 전반전을 정리하고 후반전을 기획하는 때이니 말이다.

인생 중반의 글쓰기는 삶의 단계 이동에 대한 부정적인 선입견을 떨쳐내는 데도 도움이 될 것이다. 생산적이지 않다면 곧 낭비적이라는 이분법, 책임을 벗은 삶은 의미도 잃고 만다는 두려움이 머리 한구석을 차지하고 있다면 그것은 인생 전반전의 무게에 짓눌려 그 너머를 보지 못하는 탓이리라. 글을 쓰며 자신과 온전히 대면하는 시간은 나라는 존재, 느끼고 생각하고 여러 경험을 통해 더 성숙하고 관대해진 그 존재의 가치를 깨닫게 해준다.

그리하여 이 책은 읽는 책이 아니라 쓰는 책이다. 그냥 백지 위에 무언가 써야 할 때의 막막함을 피하고자 글감을 제시해두었다. 글감에 맞춰 생각을 써보아도, 주어진 글감을 보고 떠오른 새로운 글감에 대해 써보아도 좋다. 처음부터 순서대로 진행해야 할 필요는 없다. 장 구분은 글감을 묶어 제시하려는 방법일 뿐이므로 장과 장 사이를 얼마든지 옮겨 다녀도 좋다.

글을 쓰려면 시간이 걸린다. 우리 모두에게 부족한 바로 그 시간 말이다. 시간이 없다면 일단 생각만 해보라. 그러다 자투리 시간에 빈칸을 하나씩 채우면 된다. 문장이 아닌 메모 형식으로 짧게 기록해 시간을 절약할 수도 있다. 자신에게 맞는 방법을 찾아 달라. 어떤 방법을 쓰든 서서히 써가는 과정에서 나에 대해 발견하고 더 알게 되는 것, 이렇게 알게 된 나를 이해하고 좋아하는 것, 그리고 조금 더 나은 내일의 나를 계획하는 것이 이 책의 목표이다. 나에 대해 쓰고 다시 읽고 새로이 찾아가는 과정이 내 삶의 선물이 되는 시간이리라 믿는다.

차례

프롤로그
나에 대해 쓰고, 다시 읽고, 새로이 찾아가는 시간   7

1   **내 일상을 보살피다**   14

나를 보살펴줘야 새로운 하루가 더 반갑다
나를 위한 글쓰기 가이드 #1 "꼭 글을 써야 하는 걸까?"

2   **내 마음을 이해하다**   50

나는 어떤 것을 좋아하고 어떤 것을 싫어하는가
나를 위한 글쓰기 가이드 #2 "글쓰기가 마음 달래기에 도움이 된다고?"

3　내 실패를 위로하다　　　　　　　　　　　92

내 삶의 중요한 퍼즐 조각
나를 위한 글쓰기 가이드 #3 "나한테는 딱히 쓸거리가 없어요!"

4　내 과거를 발견하다　　　　　　　　　124

그때의 나에게 어떤 말을 들려주고 싶은가?
나를 위한 글쓰기 가이드 #4 "어떻게 시작하지? 끝은 또 어떻게 맺어야 하지?"

5　내 내일을 기획하다　　　　　　　　　158

작고 사소한 변화를 어떻게 이뤄갈 것인가
나를 위한 글쓰기 가이드 #5 "너무 사소하거나 너무 불편한 주제는 아닐까?"

에필로그
인생 중반, 나는 조금씩 앞으로 나아갈 것이다　　　190

이 책으로 먼저 글을 써본 분들의 한마디　　　194

1

내 일상을
보살피다

나를 보살펴줘야
새로운 하루가 더 반갑다

자신을 잘 먹이고 잘 재우려고 노력하고 있는가? 지극히 당연해 보이는 일이지만 실천하기는 참으로 어렵다. 다른 일에 쫓겨 먹는 건 대충 건너뛰기도 하고, 밤새 놀거나 작업한 후 다음 날 몸 상태가 엉망이 되기도 한다. "귀찮아"라는 자포자기의 한마디로 자신에 대한 보살핌을 놓아버리는 경우도 종종 보게 된다.

사실 나는 나를 제대로 먹이고 재우기 위해 최대한 노력한다. 장을 보며 여러 가지 과일과 채소를 사고 끼니마다 제대로 먹으려 애쓴다. 일이 쌓여 있어도 일정한 시간에 잠자리에 들려고 한다. 그렇게 나를 보살펴줘야 새로운 하루를 더 반갑게 맞이할 수 있다는 것, 새로운 만남이나 배움의 기회를 더 기꺼이 받아들일 수 있다는 것, 더 친절하고 더 배려하는 사람이 될 수 있다는 것을 경험으로 깨달았기 때문이다.

본래도 '먹보'나 '잠보'라는 말을 들었지만 나를 잘 보살펴야 한다는 생각은 친정엄마를 떠나보내면서 본격적으로 하게 된 것 같다.

엄마는 집에서 7개월 동안 투병하셨다. 췌장암으로 점차 음식 드시기가 힘들어졌고 마지막 한 달 동안 아무것도 먹지 못한 상태로 보내야 했다. 나는 친정에서 엄마를 전담해 보살피는 입장이었고 하루하루 더 작아지고 더 가벼워지는 엄마 모습을 지켜보아야 했다. 그리고 동시에 내 끼니를 챙겨 먹어야 했다. 엄마 옆을 지키다가 부엌으로 나와 무언가를 만들려 하면 죄책감이 들었다.

'엄마가 저렇게 고통스러워 하는데 난 먹고 살겠다고 이러는구나.'

그러면서 애써 정당화했다.

'내가 잘 챙겨 먹고 아프지 말아야 해. 그래야 엄마를 이

동식 변기에 옮겨 앉힐 수 있고 밤중에 부르실 때도 벌떡 일어날 수 있잖아.'

엄마가 떠나시고 나자 내가 뭘 먹고 사는지 늘 궁금해하고 챙겨주는 사람이 없는 세상이 시작되었다. 내가 나를 보살펴야 했다. 난 생각했다.

'그동안 보살핌 받은 것을 헛되이 하면 엄마한테 미안하지. 배운 대로 열심히 해야겠다.'

그리하여 엄마가 해주었듯 국을 끓이고 반찬을 만들어 내게 먹인다. "낮에 열심히 하면 밤샐 일 없다"라고 입버릇처럼 말씀하셨던 엄마를 기억하며 깨어 있는 시간을 최대한 잘 쓰려 한다. 이렇게 나를 보살피는 것은 내가 소중한 존재, 존중받아야 할 존재라는 걸 확인할 기회다. 나는 그저 되는 대로 아무렇게나 먹이고 재우면서 내버려둘 대상이 아니다.

'우리는 민족 중흥의 역사적 사명을 띠고 이 땅에 태어났다.'

한때 초·중·고 교실마다 걸려 있던 〈국민교육헌장〉의 첫 문장이다. 어린 학생일 때는 이 문장을 소리 내어 외우기도 했다. 한참 세월이 흐른 오늘날, 이 문장을 이렇게 바꾸고 싶다.

'우리는 최선을 다해 자신을 보살펴야 하는 사명을 띠고 이 땅에 태어났다.'

나를 제대로 보살피지 못한다면 내 삶이, 더 나아가 내 주변 사람들의 삶이 망가진다. (민족 중흥도 당연히 불가능할 것이다.) 그런데도 우리는 누군가를 돌보느라, 쌓인 일을 처리하느라 나 자신을 보살피지 못한다. 마지막까지 미루다가 결국 스스로를 방치하고 만다.

이 첫 장의 질문들은 내가 지금 나를 어떻게 보살피고 있는지, 어떤 변화가 가능할지 묻는다. 나를 일으키는 첫 단계로 우선 일상부터 점검해보자.

가장 최근에 아팠던 것은 언제인가?

몸을 제대로 보살피지 못하면 기분도, 마음 상태도 망가진다.
우리는 동물이고 몸의 지배를 벗어날 수 없기 때문에 그렇다.
지금 현재 나는 내 몸을 잘 보살피고 있나? 어떤 면에서 그런
가? 부족한 부분이 있다면 무엇인가?

오늘 나는 내 자신을 잘 챙겨 먹였는가?

친구 어머니가 장시간 이어진 암 수술에서 깨어나 자식들 얼굴을 보자마자 힘들게 뱉은 첫마디는 "니들, 밥은 먹었니"였다고 한다. 자식의 한 끼니를 세상 무엇보다 귀중하게 여기는 어머니를 떠올리면 자신을 잘 챙겨 먹여야겠다고 다짐하지 않을 수 없다. 오늘 내 자신을 잘 먹였다면 왜 그랬는지, 아니라면 왜 그랬는지 이유를 써보라.

지난 사흘 동안 무엇을 먹었나?

잘 생각나지 않는다면 이 순간부터 시작해 사흘 동안 기록해도 좋다. 건강하게 잘 챙겨 먹었는지, 문제가 있다면 무엇인지 총평도 써보라.

먹은 시간	먹은 것(식사, 간식, 음료, 술, 약 등)

총평 :

첫
째
날

먹은 시간	먹은 것(식사, 간식, 음료, 술, 약 등)

총평 :

둘째 날

먹은 시간	먹은 것(식사, 간식, 음료, 술, 약 등)

총평 :

셋
째
날

나를 치유해주는 음식은 무엇인가?

향기로운 커피 한잔? 뜨끈한 고깃국물과 깍두기? 바삭한 치킨과 맥주? 그 음식의 맛에 대해, 그 음식에 얽힌 추억에 대해 써보라.

지금 나의 몸무게가 몇 킬로그램인지 알고 있는가?

몸무게를 관리하는가? 관리에 실패한 적도 있고 제법 성공한 적도 있을 것이다. 나는 내 몸을 어떻게 관리해왔는가? 어떤 결과를 얻었고 무엇을 배웠는가?

내 몸에서 가장 약한 부분은 어디인가?

내 몸을 가장 방치했던 때는 언제인가? 그 이유는 무엇이었나?
그 결과 내 몸에서 가장 약한 부분이 어디인지 알게 되었나? 그
약한 부분을 어떻게 배려하고 있는가?

_____

_____

_____

_____

_____

_____

_____

_____

_____

_____

내 몸에게 고마움을 전하는 글을 써보라.

지금까지, 그리고 오늘도 열심히 나와 내 삶의 그릇이 되어주는
내 몸에게 다정하게 말을 건네보자.

_____

_____

_____

_____

_____

_____

_____

_____

_____

_____

걷기는 사람의 마음을 가난하고 단순하게 하고
불필요한 군더더기를 털어낸다.
그는 걷기를 통해서 경건함, 겸허함, 인내를 배운다

— 르 브루통, 《걷기 예찬》, 237쪽

* * *

걷기는 돈 한 푼 들이지 않고 내 몸과 정신을 보살필 수 있는 방법이다. 걷다보면 어느새 머릿속이 비워지고 주변을 살피게 된다. 분주한 일상에서는 하기 힘든 경험이다. 당장 시간을 내서 밖으로 나가보면 어떨까. 도심 속 공원이나 골목도 좋고 산이나 숲을 찾아가 걸어도 좋다. '진정 위대한 생각은 걷는 중에 탄생한다'라는 프리드리히 니체와 '기분이 언짢다면 나가서 걸어라. 그래도 기분이 언짢다면 다시 나가서 걸어라'라는 히포크라테스의 말에 공감할 수 있는지 시험해보라. (단, 가방은 가볍게 해야 한다. 안 그랬다가는 '무겁다'라는 생각만으로 그 시간이 채워져버릴 수 있으니.)

걷기를 즐겨 하는가?

가장 좋았던 걷기의 기억을 떠올려보라. 지금보다 조금 더 많이, 조금 더 즐겁게 걸을 방법은 무엇일까? 언제 어디를 걸으면 좋을 것 같은지 계획을 세워보라.

내 몸을 어떻게 움직일 때 가장 즐겁고 기분전환이 되는가?

어떤 운동을 하는가? 어디 가서 돈 내고 배우는 것만이 운동은
아니다. 텔레비전을 보면서 잠깐씩 스트레칭만 해도 훌륭하다.
그 움직임을 일상의 규칙으로 만들 방법은 무엇일까?

자투리 시간에는 무엇을 하고 싶은가?

빈 시간을 어떻게 보내고 있는지 써보자. 휴대폰이나 텔레비전 앞에서 그저 시간만 때우고 마는가? 새로운 무엇을 시도해볼 수 있다면 무엇을 하고 싶은가?

내 수면은 100점 만점에 몇 점을 주고 싶은가?

나는 하루에 몇 시간 자는가? 언제 잠드는 것이 가장 좋은가?
내가 잘 자게 할 방법은 무엇일까? 혹시 수면에 문제가 있다면
원인을 찾아보라. 잘 잔 날의 상황을 떠올리면 이유를 찾기 쉬
워질 수도 있다.

내가 자주 입는 옷과 좀처럼 입지 않는 옷은 어떤 것인가?

주변에서 여러 차례 잘 어울린다는 평을 들었던 옷이 있다면 무엇인가? 늘 비슷하게만 입게 된다면 처박혀 있던 옷을 꺼내 새로운 차림을 시도해보라. 그렇게 바꿔 입는 것만으로도 내 기분이, 더 나아가 상대의 기분이 달라질 수 있다.

내가 주로 머무는 공간에서 마음이 편안한가?

내가 일하는 공간이나 내가 사는 공간에서 마음이 어떠한가?

혹시 불편하다면 어떻게 바꿔보고 싶은가?

나는 정리정돈을 잘하는 사람인가?

어느 정도 정돈되면 충분하다고 생각하는가? 현재 일상은 그 생각에 부합하는가? 내가 감내할 수 있는 무질서는 어디까지인가?

언제든 시간을 내 정리해야겠다고 생각했던 곳은 어디인가?

신발장? 창고? 책상 서랍? 컴퓨터? 스마트폰 사진첩? 언제 어떻게 정리하면 좋을지 구체적인 계획을 세워보라.

일곱 가지 삶의 지혜 세븐 업!

첫째, Clean Up! 주변을 깨끗이

둘째, Dress Up! 옷차림을 단정히

셋째, Shut Up! 입 다물고 귀 열기

넷째, Show Up! 모임 참석을 열심히

다섯째, Cheer Up! 분위기를 유쾌하게

여섯째, Pay Up! 지갑 열기

일곱째, Give Up! 포기할 것은 포기하기

* * *

'세븐 업'은 행복한 노년을 위한 일곱 가지 조언으로 소개되곤 하지만, 나이를 막론하고 누구에게든 유익하고 절실한 이야기 이다. 나 자신과 주변을 깔끔하게 관리하고 다른 사람과 만날 일이 있으면 열심히 참여해 잘 듣고 유쾌하게 반응하는 것, 경제 사정이 허락하는 한 남을 위해 지갑을 여는 것, 포기해야 하는 것은 놓아버리고 되돌아보지 않는 것을 나는 얼마나 실천하고 있는지 한번 점검해볼 일이다.

나를 위한 세븐 업을 만들어보라.

세븐 업 중에서 내가 잘하는 것은 무엇이고 제대로 못하는 것은 무엇인가? 의미 없는 조언은 삭제하고 필요한 내용은 새로 넣어 나만을 위한 삶의 지혜를 정리해보라.

혼자 있는 시간을 어떻게 보내는가?

혼자 보내는 시간은 앞으로 계속 늘어날 것이다. 최대한 기쁘고
즐겁게 그 시간을 보내는 방법은 무엇일까?

_____

_____

_____

_____

_____

_____

_____

_____

_____

내가 즐겨보는 텔레비전 프로그램은 무엇인가?

왜 좋아하는지 써보라. 방송 내용 중 뚜렷이 기억에 남은 것이
있다면 무엇인가?

내 일상에는 문학, 음악, 미술 등 예술적 경험이 얼마나 들어와
있는가?

시간표에 음악 시간과 미술 시간이 들어 있던 학창 시절 이후
담을 쌓아버린 것은 아닌가? 소설 한 편을 읽고, 혹은 전시회나
음악회를 관람하고 감상 후기를 써보라. 잠시 내 일상에서 벗어
났던 그 경험이 어떠했는가?

_____

_____

_____

_____

_____

_____

_____

_____

_____

글을 통해 나에게 말을 거는 것은

지금까지 몰랐던 나의 새로운 면을 발견하게 해준다.

"꼭 글을 써야 하는 걸까?
너무 힘들어!"

맞는 말이다. 글쓰기는 힘든 작업이다. 이걸 부정하기는 어렵다. 글을 쓰려면 시간을 오래 투자해야 하고 집중해 생각해야 한다. 이것만으로도 편안함과는 거리가 멀다. 게다가 우리 대부분은 글쓰기와 관련해 학창시절의 나쁜 추억이 있다. 머리를 짜내 힘들여 한 줄 한 줄을 채워가야 했던 괴로운 순간, 겨우겨우 써서 제출했던 글이 신랄한 평가와 함께 돌아왔던 일, 어떻게 해야 할지 모른 채 그저 숙제만 받아들 때의 막막함……

하지만 글쓰기라고 해서 꼭 엄청난 무언가를 상상할 필요는 없다. 우리는 이미 매일 열심히 글을 쓰고 있다. 휴대전화로 무수히 주고받는 메시지, 생일 축하 카드, 온라인 공간에서의 댓글 등. 다만 이 책의 글쓰기는 나를 독자로 삼아 나를 표현하는 글쓰기라는 점에서 지금까지 써온 글과 조금 다르다. 이렇게 쓰면 읽는 사람이 오해하지 않을까. 나아가 상대가 내 글을 나쁘게 평가하지 않을까 하는 걱정은 일단 내려놓아도 좋다.

나를 독자로 삼아 나를 표현하는 글쓰기는 곧 자신과의 대화가 된다. 많은 경우 익숙하지 않은 대화이다. 우리는 실상 자신을 잘 모르기 때문이다. 자신에 대해 곰곰이 생각해보지 않았으니 잘 모르는 것도 어쩌면 당연하다.

따라서 글을 통해 나에게 말을 거는 작업은 지금까지 몰랐던 나의 새로운 면을 발견하게 해줄 가능성이 높다. 이 책의 글쓰기는 바로 이를 목표로 삼고 있다. 내가 내 글의 독자가 되는 상황에서는 잘 썼느니 못 썼느니 평가받을 일이 없으니 부담을 내려놓고 마음 편하게 시작해도 좋다. 지금까지 늘 평가받는 글쓰기만 해왔다면 새로운 세상에 발을 내딛는 셈이다.

글쓰기를 힘겹게 하는 또 다른 문제는 시간이 오래 걸린다는 것이다. 글 쓸 시간은 어떻게 확보해야 할까? 아침에 깨어나

활동을 시작하기 전에 쓰라는 말도 있고 잠들기 전에 하루를 정리하며 쓰라는 말도 있다.

이렇게 하루 중 일정한 시간을 정해두는 방법도 있지만 나는 자투리 시간을 동원하는 편이다. 자투리 시간에는 문장을 쓰는 게 아니다. 무엇을 어떻게 쓸 것인지에 대해 생각한다. 글쓰기에서는 실제로 글을 쓰는 시간보다는 계획하고 고민하는 시간이 훨씬 더 많이 필요하기 때문이다. 빈 종이나 빈 모니터를 마주한 상태에서 글이 술술 풀려나오는 일은 없다.

자투리 시간에 생각할 때는 메모를 하는 것이 좋다. 걷거나 운동할 때가 아니라면 언제든 메모가 가능하다. 버스나 지하철을 타고 이동할 때, 식당이나 카페에서 무언가 주문하고 기다릴 때, 하루 일정 곳곳에 끼어드는 빈 시간 동안 글에 대해 생각하고 메모하는 것이다. 멋진 메모지도 필요 없다. 나는 이면지 한 장을 달랑 접어 가방이나 지갑에 집어넣어 사용한다. (가볍고 간편하다!) 메모 후 집어넣었다가 다시 자투리 시간이 났을 때 그걸 꺼내고 앞선 메모에 더해 끼적인다. 연결선도 그리고 화살표 표시를 하기도 한다. 번호도 붙인다. 종이 한 장이 꽉 차면 컴퓨터 문서 파일로 그 내용을 옮겨 인쇄하고 다시 들고 다니며 메모한다. (인쇄하는 과정은 나처럼 글씨를 지독히 못 써서 양이 늘어나면 알아보기 힘들게 되는 사람에게만 필요한 것일 수도 있다.)

이렇게 사전작업을 하다 보면 어느새 '어서 글로 만들어보고 싶은 걸?'이라는 생각이 든다. 앉아서 쓰기 시작했다고 해도 그 자리에서 끝내야 하는 법은 없다. 쓸 수 있는 만큼 쓴 후 다시 그 글을 들고 다니며 메모하라. 이런 과정을 거치면 글쓰기의 힘겨움이 훨씬 줄어들고 효율성은 높아진다.

글쓰기의 역사에 대해 잠깐 생각을 해보면 어떨까. 글쓰기는 인류 역사와 흐름을 함께해왔다. 역사라는 단어 자체가 문자로 기록이 시작된 이후의 이야기를 뜻하지 않는가. 그런데 문자는 오랫동안 지배계층과 특권층의 전유물이었다. 모든 사람이 글자를 익히고 자기 표현을 할 수 있게 된 것은 그리 오래된 일이 아니다. 훈민정음이 창제되지 않았다면 어쩌면 아직까지도 많은 이가 자유롭게 읽고 쓰기 어려웠을지 모른다. 글을 읽고 쓰는 것이 너무도 당연하게 여겨지는 시대인 탓에 인식조차 하기 어렵지만 실상 내 글쓰기는 긴 시간 동안 참 많은 선조들이 노력한 덕분에 가능해진 일이다. 조금은 경건한 마음을 품어도 좋다. 힘겹고 부담스럽다는 생각에만 빠지지 않도록 말이다.

내 마음을
이해하다

나는 어떤 것을 좋아하고
어떤 것을 싫어하는가

"그 여행비가 얼마나 드노?"

"여행비는 저희가 낼 테니 신경 안 쓰셔도 돼요."

"한 백만 원 들겠지? 내는 여행 갔다 온 걸로 칠 테니 니들 둘이 다녀오너라. 그리고 내 몫 여행비는 부쳐라."

암 말기 선고를 받은 시어머니를 모시고 해외여행을 가려고 하는 참이었다. 앞선 사이판 여행에서 돌아오면서 어디든 한 번 더 가보자고 하셨던 말씀을 떠올리고 계획한 것이 있는데 여행보다는 돈으로 달라는 반응에 맥이 빠졌다. 언제 몸 상태가 나빠져 여행은 꿈도 꾸지 못하게 될지 모르는데 왜 이러시나 싶었다.

하긴 시어머니의 특성을 모르는 바는 아니었다. 중국집에 가서 탕수육이 식탁에 놓이면 시어머니는 "이기 머꼬? 탕수육이가? 내는 안 묵는다"라고 말씀하시고 젓가락을 놓으셨다. 우리 부부가 당황해 다른 요리를 드시겠느냐고 물어도 대답은 신통찮았다. 셋이 먹어야 할 요리를 둘이 먹느라 쩔쩔매다가 남기면 그제야 "남기는 기가?"라면서 말끔히 먹어치우셨다. 결국 시어머니와는 무조건 뷔페식 식당에 가게 되었다. 아무리 많이 먹어도 돈을 더 내지 않는 상황에서만 만족스러운 식사가 가능했던 것이다.

시어머니의 삶은 절약, 아니 그걸 넘어서 '돈 안 쓰기'로 집약되었다. 우리가 매달 보내는 돈 대부분은 정기예금 통장으로 들어갔다. 불행히도 세상은 돈을 써야 하는 일들로 점철되어 있었고 그 모두가 시어머니에게는 짜증스럽고 화나는 일이었다. 그래서 시어머니와의 만남이나 통화가 유쾌한 적은 거의 없었다.

노인병원에서 보낸 마지막 한 달 동안 매일 만나 이야

기를 나누면서, 그리고 돌아가신 후 집을 정리하면서 비로소 나는 시어머니가 그러셨던 이유를 조각조각이나마 맞춰보게 되었다. 섬마을의 찢어지게 가난한 집에서 아무도 원치 않은 늦둥이 막내딸로 태어나 궁핍한 어린 시절을 보냈던 것, 잠깐 머물며 자식만 남기고 시아버지가 떠나버린 후 가장 역할을 떠맡았던 것, 그리하여 '달마다 또박또박 월급 받아 쓰는 복 터진 년'이 결국 되지 못한 것, 집에서 하는 '야매' 술장사에서 손님들한테 제대로 돈을 받아내기 힘들었다는 것, 노후에도 세입자에게 돈을 받을 때나 수리업자에게 돈을 지불할 때나 어리숙하게 보였다가는 손해를 보기 십상이었다는 것……

무엇을 위해 늘 돈을 아끼려 아등바등하는지 한번 생각해볼 수 있었다면 시어머니의 삶은 좀 달라지지 않았을까. 한 푼도 손해볼 수 없다는 마음을 조금만 내려놓았다면 사람들과 만나 즐겁게 웃는 시간이 조금은 더 많아지지 않았을까. 주인 잃은 집에 이웃 할매들이 몰려와 "하이고, 반장이 수도세 받으러 가면 한참 옥신각신하다가 항상 모잘르게 쳤구마는"이라고, "옥상에 다라이 놓고 빗물 받아다가 썼으니 말 다했지요"라고 생전의 시어머니 모습을 미주알고주

알 일러바치는 말을 들으면서 나는 안타까웠다.

내가 그런 말씀을 드렸더라도 시어머니가 바뀌기는 어려웠을 것이다. 상상할 뿐 그 삶을 내 것처럼 이해할 수 없는 입장에서, 더군다나 시어머니와 며느리인 관계에서 무어라 입을 떼기는 힘들었다.

다만 시어머니는 내게 교훈을 남겨주셨다. 내가 하는 생각과 행동의 이유를 곰곰이 짚어볼 필요가 있다는 점을 말이다.

시어머니 수준에는 미치지 못한다 해도 나 역시 채소든, 우유든, 속옷이든, 운동화든, 심지어는 책까지도 가능한 한 값싼 것을 사려고 하는 짠순이인데 이런 내 성향의 장점과 단점도 다시 짚어보게 되었다. (제값 주고 사서 만족하면서 먹고 오래 아끼며 쓰는 게 결국 좋은 소비라는 얘기에 조금씩 설득이 되기도 한다.)

내 마음이 어떻게 움직이는지, 어떤 것을 좋아하고 어떤 것을 싫어하는지 알고 있으면 마음을 다스리기가 조금 쉬워진다. 누군가의 말 한마디, 갑작스레 닥쳐온 상황 등 외부적인 영향은 내가 통제할 수 없지만 그 영향에 어떤 마음으로 마주 설 것인지는 스스로 결정할 수 있으니까.

내 마음을 이해하고 그 마음을 배려하면서 남들과 세상을 만날 수 있도록 다음 질문들에 답해보자.

화날 때, 짜증날 때, 스트레스가 확 올라올 때 습관적으로 내뱉는 말이 있는가?

귀로 들어오는 말이 우리 생각을 좌우한다. 남들이 하는 말은 어쩔 수 없다 해도 내가 스스로에게 해주는 말은 그렇지 않다. 바꿀 방법을 생각해보라. "잠깐 머리를 비우고 쉬고 나면 괜찮을 거야." "자, 또 무슨 일이 벌어진 거지? 신나게 한번 해결해볼까"라고 자신에게 말해주는 방법은 어떨까.

요즘에 마음속을 가장 많이 채우는 감정은 무엇인가?

"요즘 마음이 어떠세요? 편안하세요?"라는 질문을 받는다면 어떻게 대답하겠는가? 그 감정은 무엇 때문에, 어떻게 만들어졌는가?

내게서 참 마음에 드는 면이 있다면 무엇인가?

어째서 마음에 드는가? 그것 덕분에 내 삶이 어떻게 흘러왔다
고 생각하는가?

_____

_____

_____

_____

_____

_____

_____

_____

_____

_____

정말 질색이다 싶은 내 특성은 무엇인가?

그 특성이 나와 남들의 맘을 상하지 않게 하려면 어떤 변화가
필요할까?

_____

_____

_____

_____

_____

_____

_____

_____

_____

_____

최근에 접한 뉴스 중 기억에 남은 것이 있는가?

어떤 내용이었나? 왜 기억에 남았나? 어떤 느낌을 불러일으켰나? 즐거움인가, 슬픔인가, 놀라움인가, 좌절감인가?

내게 해주고 싶은 격려와 응원의 말은 무엇인가?

거울 속의 나를 보고 웃어준 적이 있는가? 기분 좋을 때 웃음
이 나오기도 하지만 웃는 표정을 지으면 기분이 좋아진다고도
한다. 내게 미소 지으며 무슨 말을 건네주고 싶은가?

어떤 억울한 일이 나를 괴롭히는가?

엉뚱한 책임을 져야 하는가? 나만 손해를 뒤집어쓰는 입장인가? 시시콜콜 적어보자. 마음이 조금은 편안해질지 모른다.

"왜 하필 내가?"

메이저 테니스 대회에서 흑인 최초의 우승 기록을 세운 아서 애시(1943~1993)는 수술 중 수혈을 받다가 에이즈에 감염되었다. 팬의 위로 편지를 받은 그는 이런 답장을 썼다.

우승컵을 들었을 때 "왜 하필 내가?"라고 묻지 않았습니다. 그러니 오늘 고통을 당한다 해서 "왜 하필 내가?"라고 물어선 안되겠지요. 고통에 대해 "왜 하필 내가?"라고 한다면 내가 받은 은총에 대해서도 똑같이 "왜 하필 내가?"라고 물어야 마땅하지 않겠습니까.

* * *

처음 이 애기를 접했을 때 머리를 한 대 얻어맞은 것 같았다. 당연한 듯 누리는 많은 것에 '왜 하필'이라는 말을 붙여볼 생각은 한 번도 해보지 못했으니 말이다. 불치병 선고를 받거나 불의의 사고로 후유증을 안게 되었을 때 과연 나는 "왜 하필 내가?"라는 질문을 하지 않을 수 있을까.

흑인은 테니스를 칠 수 없다고 법으로 규정된 곳에서 태어나 테니스계를 제패하는 선수가 되기까지 아서 애시가 겪어야 했을 수많은 고초를 은총이라는 한마디에 압축해버리는 내공 또한 대단했다. 나도 내가 받은 은총에 '왜 하필'을 붙여보면 어떨까.

당연하다고 생각하는 일들, 예를 들어 시원하게 방귀를 뀔 수 있다거나 원할 때 화장실에서 볼일을 볼 수 있다는 것 또한 은총이다. 수술 후 방귀 나오기를 기다리면서 금식해본 사람 이라면, 방광이나 신장 문제로 마려운데 소변을 보지 못하는 고통을 겪어본 사람이라면 아마 알 것이다.

"왜 하필 내가?"라고 한탄했던 순간은 언제인가?

내가 받은 어떤 은총에 '왜 하필'을 붙여볼 수 있겠는가?

'삶은 공평하지 않지만 그래도 여전히 훌륭하다'라는 말에 대해
어떻게 생각하는가?

동의한다면, 혹은 동의하지 못한다면 그 이유는 무엇인가?

감사일기를 써보라.

하루 동안에 일어난 고마운 일을 찾아내 기록하는 감사일기가 심리적으로 큰 효과를 발휘한다고 한다. 매일 쓰기는 쉽지 않지만 기분이 꿀꿀하거나 서글픈 날에는 나를 보살피기 위해 시도할 만하다. 어쩌면 마음 상하게 하는 바로 그것이 고마운 일로 변하는 신기한 상황이 벌어질 수도 있다.

고마운 일이 꼭 거창해야 하는 건 아니다. 플랫폼에 들어서자마자 들어와준 지하철, 열심히 걷느라 땀이 나려는 순간에 불어온 바람 한 줄기, 우연히 올려다보았을 때 눈에 들어온 맑고 푸른 하늘도 얼마나 고마운가.

_____

_____

_____

_____

_____

_____

Year.	Month.	Day.

오늘 하루 내게 고마운 일

감사일기 2

Year.	Month.	Day.

오늘 하루 내게 고마운 일

감사일기 3

Year.	Month.	Day.

오늘 하루 내게 고마운 일

감사일기 4

Year.	Month.	Day.

오늘 하루 내게 고마운 일

감사일기 5

Year.	Month.	Day.

오늘 하루 내게 고마운 일

감사일기 6

Year.	Month.	Day.

오늘 하루 내게 고마운 일

아무리 노력해도 나아질 것 같지 않은 관계를 정리해버린 경험이 있는가?

모든 관계를 유지하려 애쓰는 것은 어리석은 낭비일지 모른다. 관계 손절의 경험담을 써보라.

모두에게 사랑받기를 기대하는가?

그렇다면 마음의 평화는 기대하기 어려워진다. 내가 싫어하는 사람이 있듯 나를 싫어하는 사람도 늘 있기 마련이다. 내가 누구를 왜 싫어하는지, 그리고 누군가가 나를 싫어하는 이유는 무엇인지 써보라.

마음 상할 때 내가 나를 위로하는 말이나 행동이 있는가?

그 방법은 효과가 있는가? 다른 사람들은 어떻게 하는지 한번 알아보라. 밑져야 본전이니 괜찮아 보이는 방법은 직접 한번 해 볼 일이다.

_____

_____

_____

_____

_____

_____

_____

_____

_____

내가 한없이 초라하게 느껴질 때 일으켜 세우는 것은 무엇인가?

끝없이 아래로 떨어지는 기분일 때 그 순간을 위해 저장해둔 동영상, 노래, 글귀 등이 있는가? 그런 순간에 찾아보는 영화나 드라마는? 혹시 없다면 하나 마련해두면 어떨까.

"네 행복을 왜 나한테 물어?"

* * *

〈멜로가 체질〉이라는 드라마를 보다가 순간 멈칫했다. 싫다는
데도 죽자고 따라다녀 결국 함께 살게 된 남자가 젖먹이를 돌
보고 생계를 꾸리는 힘든 일상이 닥쳐오자 말한다. "행복해지
기 위해 이혼하자. 이건 내가 원하는 삶이 아냐." 아이를 안은
여자가 "그럼 내 행복은?"이라고 묻자 남자는 반문한다. "네
행복을 왜 나한테 물어?"

저 좋을 때 왔다가 힘드니 떠나겠다니, 이런 나쁜 놈을 봤나
화가 나면서도 '그래, 내 행복은 내가 찾아야 하는 거지'라
는 생각을 하지 않을 수 없었다. 우리는 행복하지 못한 이유
를 늘 밖에서 찾지 않는가. 부모 때문에, 연인이나 배우자 때
문에, 자식 때문에, 쥐꼬리만 한 월급 때문에……. 내 행복을
어떻게 내가 책임질 것인지 곰곰이 생각해볼 일이다.

"(　　) 때문에 행복할 수 없어"라고 말해본 적이 있는가?

행복할 수 없게 하는 문제가 무엇이었나? 지금은 어떤 상태인가? 반대로 "(　　) 때문에 행복해"라고 말한 적은 있는지 생각해보자. 나를 행복하게 만드는 건 무엇인가?

내가 생각하는 나쁜 사람이란 어떤 유형인가?

그 나쁜 사람과 나는 어디서 만나 어떤 경험을 했나? 나쁜 사람을 만났을 때 나를 보호하는 나만의 대처 방식은 무엇인가?

나에게 무엇이든 선물해본 적이 있는가?

물건이든 경험이든 시간이든 다 좋다. 어떤 상황에서 무엇을 선물했는지, 어떤 느낌이 남았는지 떠올려보라.

상상해 떠올리기만 해도 미소 지어지는 풍경이 있는가?

내가 가장 마음 편해지는 순간이 있다면? 예를 들어 세탁기를
돌린 다음, 널어놓은 빨래와 그 위로 쏟아지는 햇살을 보면서
차 한잔 마시는 순간처럼 말이다.

어쩐지 마음이 복잡할 때 평소에 안 하던 행동을 해보라.

아무 버스나 잡아타고 낯선 정류장에 내려 마음 내키는 대로
걸어다니는 건 어떨까? 걷다가 만나는 풍경과 거리, 사람들을
관찰하라. 무엇을 보고 어떤 생각을 했는지 기록하라.

어떤 날씨를 좋아하는가?

장화 신고 철벅철벅 돌아다닐 수 있게끔 비가 쏟아지는 날? 쨍하게 맑은 날? 정신이 번쩍 나게 공기가 차가운 날? 그런 날들의 풍경이나 일화를 써보라.

나는 무엇을 포기해보았나? 무엇을 포기할 수 있나?

내 마음을 다스리려면 포기할 줄 아는 지혜가 필요한지도 모른다. 모든 상황을 스스로 통제할 수 있다는 생각의 포기, 어느 모로 보나 내 판단이 옳다는 고집의 포기, 노력과 정성이 응분의 보답을 가져오리라는 기대의 포기……

"글쓰기가 마음 달래기에
도움이 된다고?"

대학에서 이제 막 글쓰기 교과목을 담당하는 선생이 된 무렵에는 미처 몰랐다. 글을 쓰고 나누는 일이 치유 효과를 발휘한다는 것을 말이다. 글쓰기 선생으로서 내가 맡은 임무는 학생들에게 학술적 글쓰기를 연습시키는 것이었다. 하지만 학생들을 만나본 후 나는 '원하는 소재를 잡아 원하는 형식으로 쓰기' 그리고 '동료들의 글을 독자로서 읽고 소감과 의문점, 제언을 나누기'라는 수업 방향을 잡았다. 글이 소통의 도구임을 경험으로 깨달아야 이후 여러 유형의 글을 계속 쓸 수 있으리라 생각했기 때문이다.

　이후 15년 동안 내가 만난 학생들은 좋아하거나 관심 있는
소재뿐 아니라 부끄러워 감추고 싶은 얘기까지도 서슴없이 글
로 털어놓았다. 그리고 글을 쓰는 과정에서 자기 마음을 들여
다보고 정돈하게 되었다고 고백했다. 그런 솔직한 글을 읽는 동
료 학생들 역시 자신들이 차마 드러낸 적 없었던 내면을 위로
받을 수 있었다고 했다.

　강제로 글쓰기 과제가 주어지지 않는 상황에서 당신은 어
떤가? 글을 써볼까 싶은 때가 언제인가? 아마 신나고 즐거울 때
보다는 답답하고 억울할 때가 아닐까 싶다. 기쁠 때는 건배도
하고 맛있는 것도 먹는 등 그 순간을 기념할 방법이 많다.

　반면 슬플 때는 어떤가. 누구든 붙잡고 실컷 넋두리를 하고
싶지만 그런 상대를 찾기도 어렵고, 설사 상대가 들어준다 해도
무척이나 미안한 노릇이다. 충분한 공감을 얻지 못할 수도 있
다. 그러느니 혼자 조용히 앉아 마음속 얘기들을 하나하나 적
어보는 편이 낫다.

　무엇 때문에 답답하고 억울한지 써내려가다 보면 어느새 기
분이 차분하게 가라앉는다. 어쩌면 뭐 그럭저럭 별것 아닌 일이

었구나 하는 결론이 나올지도 모른다. 그렇게까지는 아니라 해도 한발 물러서서 내 감정을 관찰하고 기록하는 것만으로도 마음을 치유할 수 있다. 다음번에 비슷한 상황이 또 일어났을 때 면역 효과가 발휘되어 한층 수월하게 넘어갈 여지도 생긴다.

이런 글쓰기는 내 감정의 구성 요소들을 해부한다. '짜증난다' 혹은 '서럽다' 같은 한마디는 글이 안 되니 말이다. 감정은 지금 당장의 일 때문에 튀어나왔지만 어쩌면 과거의 경험, 현재의 다른 상황, 다른 사람과의 비교 등등 여러 요소가 작용해 증폭되었을 수 있다. 글을 쓰다 보면 그 요소들이 드러날 것이다. 이를 객관화시켜 바라보고 곱씹고 평가하면서 스스로의 편이 되어주기도 하고 스스로에게 비판도 가하게 된다.

이별을 겪은 후 글을 쓰면서 그 인연을 되새겨보는 작업도 치유 효과가 있다. 나는 외할머니, 시어머니, 친정엄마가 돌아가셨을 때마다 글을 썼다.

우리 외할머니는 푸근하고 다정한 모습과는 거리가 먼, 신경질 많은 불평꾼이셨다. 그래서 선뜻 다가가기가 어려웠지만 할머니는 자신이 베풀 수 있는 최대한의 상냥함과 배려를 손주들에게 보이셨다는 걸 나중에야 헤아릴 수 있었다. 상대를 가리지 않고 걸핏하면 고함치고 화를 냈지만 내게는 그러신 적이 없었다. 물론 비꼬는 말은 간혹 던지셨고 나는 그것만으로도 기분이 상했지만 말이다.

홀로 아들을 키운 시어머니도 대하기 쉬운 분은 아니었다. 내가 모르는 세상에서 내가 해보지 못한 경험을 하면서 사셨던 시어머니를 가장 분명하게 들여다볼 수 있었던 것은, 아이러니하게도 시어머니가 돌아가신 후 집을 정리하러 갔을 때였다. 시어머니의 냉장고, 옷장, 집 안 곳곳의 모습을 보면서 나는 며느리로 보낸 지난 18년간의 경험을 반추하며 글을 썼다. 그제야 시어머니의 삶을 나름대로 이해하게 되었다.

친정엄마와 나는 유난히 잘 통하고 친밀한 사이였다. 그래서인지 말기 암 판정 이후 7개월 동안 곁을 지켰으면서도 엄마의 죽음을 받아들이기 어려웠다. 늘 함께 다니던 가게에만 가도 눈물이 쏟아졌다. 유품을 정리하면서 엄마가 젊은 시절부터 써온 일기를 찾아내 읽게 되면서 다 안다고 생각했던 엄마의 새로운 모습들을 발견했다. 함께 떠난 마지막 여행, 투병 과정, 엄마의 일기 얘기를 묶어 책 한 권으로 만드는 동안, 나는 내 삶에서 엄마가 갖는 의미를 정리하고 스스로를 위로할 수 있었다.

3

내 실패를
위로하다

내 삶의
중요한 퍼즐 조각

"저기, 혹시 옷 뒤집어 입으신 거 아니에요?"

출근길 지하철에서 어느 아주머니가 조심스레 말해준다. 아차, 안팎 차이가 별로 나지 않는 여름 인견 블라우스를 또 거꾸로 입었다. 시접 선을 확인하고 목을 끼워넣어야 하는데 자꾸 잘못 입게 된다. 도착한 역 화장실에서 부랴부랴 뒤집어 입는다.

십 년쯤 전에는 구두를 짝짝이로 신고 나간 일도 있었다. 한쪽은 고동색인데 다른 쪽은 검은색이라는 게 갑자기 눈에 들어왔다. 수업 시간에 맞춰 출발한 참이라 집으로 되돌아가기는 불가능했다. 어쩔 수 없이 뻔뻔스럽게 그냥 버티기로 했다. 학생들이 눈치채지 못하도록 두 발을 열심히 어딘가에 감췄다. 그러면서 깨달았다. 구두에 욕심을 부려 여러 개를 갖춰둔다고 했는데 사실은 짝짝이로 신고도 금방 알아차리지 못할 정도로 굽 높이나 색깔이 대충 비슷했다는 걸. '다양한 구두'는 결국 혼자만의 착각이었다.

이런 자잘한 실수들은 자칫 지루하게 이어질 수 있는 일과에 민망한 웃음을 양념처럼 더해주는 경험 정도로 넘어갈 수 있다. 하지만 수익률 높다는 은행원 말만 믿고 덜컥 가입한 금융상품이 막상 만기가 되었을 때는 원금의 절반이나 건질까 말까 했던 상황은 그렇지 못했다. 차라리 써버리기나 했으면 좋았지 수돗물 아끼고 전기 아낀다고 호들갑을 떨며 모았다가 결국 날려 먹느냐는 남편의 원망과 잔소리까지 덤으로 받았다. 이후 가능한 한 금융상품에는 가입하지 않는다는 게 원칙이 되었다. 하지만 장기적으로 이것이 옳은 방향인지는 아직도 제대로 판단이 서지 않는다.

공부하면서 실패했던 일들도 있다. 러시아 어문학 석사 과정 입학시험에 떨어졌고 이후 통번역대학원 박사 과정에 있을 때에는 논문제안서 심사에서 탈락했다. 학술지에 논문을 투고한 후 평가자들로부터 게재 불가 판정을 받아 게재하지 못한 일도 여러 번이다. 이런 일들은 자존감에 상처를 남긴다. 내 능력에 회의를 품게 만든다. 이 길을 계속 가야 하나 고민도 생겨난다. 나라는 인간에 대한 평가가 아닌, 내가 치른 시험이나 한 작업에 대한 평가일 뿐이라고 마음을 다잡아도 상처가 회복되기까지 시간이 필요했다.

결과적으로는 그 무엇도 인생이 뒤집히는 일까지는 아니었다. 어문학 석사과정 시험을 다시 보는 대신 통번역대학원에 들어갔고 박사 논문제안서는 다음 해에 주제를 바꿔 제출해 통과했다. 어문학 석사과정에 입학하지 못한 덕분에 나는 새로운 공부를 시작할 수 있었다. 또 첫 번째 논문제안서가 탈락한 덕분에 내게 더 잘 맞는 논문 주제를 선택할 수 있었으니 전화위복이 되기까지 했다.

나뿐 아니라 누구든 살면서 실패를 피해갈 수는 없다. 실패의 크기와 파장은 상대적인 것이어서 누군가에게 내가 이런 실패를 했다고 털어놓는 일은 조심스럽다. 큰맘 먹고 얘기했다가 "애개, 그깟 게 무슨 실패라는 거야?"라는 반응이

나오기도 하고, 별것 아니라 여겼던 일이 알려진 후 '그 정
도밖에 안 되는 인간이었군!'이라는 평가를 받을 수도 있으
니 말이다. 그러다 보면 나 자신도 어느새 실패의 기억을 애
써 외면해버리기 쉽다. 하지만 실패에 초점을 맞춘 이 장의
질문들에 답할 때에는 조심스러운 마음을 내려놓아도 좋다.
나의 실패담을 읽을 사람은 어차피 나 자신이니 말이다.

실패했던 얘기를 군이 왜 기억해내야 하냐고? 실패들 또
한 내 삶의 중요한 퍼즐 조각이기 때문이다. 실패 경험은 알
게 모르게 내게 영향을 미치고 있다. 혹시나 부정적인 영향
이 너무 크다면, 그리하여 내 현재와 미래를 가로막는 걸림
돌이 되어버렸다면, 가슴이 쓰리더라도 다시 정면으로 마주
해 그 기억과의 관계를 정리할 필요가 있다. 또한 실패 경험
에서 배운 교훈을 어느새 까맣게 잊어버렸다면 이 장의 질
문들을 통해 이전의 깨달음을 되살릴 수 있을 것이다.

자, 지금까지 어떤 실패들을 거쳐왔나? 금방 생각이 나
지 않는다면, 떠올리는 일조차 힘들다면, 시간을 두고 천천
히 접근해도 좋다. 부끄럽거나 가슴이 아파 내면 깊숙이 묻
어버렸던 그 실패를 다시 길어올려 마주해보자. 어쩌면 완

전한 실패가 아닌, 부분적인 성취였음을 알게 될지 모른다. 그 실패로 인해 내가 나 자신과 세상에 대해 무언가 배웠다면 그건 그저 실패만은 아니니라. 깊이 가라앉아보지 못한 사람은 끝내 물속을 알지 못하고 수면에만 둥둥 떠서 사는 셈이 아닐까. 수면에서 편안하게 호흡하는 것만이 좋은 삶, 이상적인 삶이라고 할 수 있을까.

실패했던 내게 따뜻한 시선을 보내며 위로를 건네보자. 나는 수면 아래 물속에 내려가본 사람이 아닌가.

꾸준히 하고 싶었지만 이루지 못한 일이 있는가?

하고 싶었던 이유와 실패한 이유는 무엇인가? 다시 시도해야
한다고 생각하는가? 실패를 바탕으로 새로운 계획을 짜보라.

해서는 안 되었는데 해버린 말이 있다면?

왜 그렇게 말할 수밖에 없었나? 내 말을 들은 사람의 반응은
어땠나? 다시 그때로 되돌아간다면 어떻게 말할 것 같은가?

지금까지 살아오면서 후회되는 선택이 있는가?

어째서 그런 선택을 했나? 그 선택으로 인해 어떤 결과가 빚어졌나? 그 선택을 안 했다면 어떻게 달라졌을까?

부모님의 바람대로 이루지 못했던 일은 무엇인가?

이루지 못한 이유는 무엇이었나? 부모님의 바람과 내 바람은 같은 방향이었나? 지금 돌이켜보면 이루지 못한 그 일이 아쉬운가?

_____

_____

_____

_____

_____

_____

_____

_____

_____

_____

_____

아무에게도 말하지 못하는, 떠올릴 때마다 이불킥을 하게 되는 사건은 무엇인가?

언제 어떤 일이 있었는지 기록해보라. 이제는 담담하게 넘어갈 만한 부분이 있을 것이다. 그것도 역시 기록해보자.

내 인생의 큰 실패를 되돌아보자.

당시에 그것이 실패라고 생각했던 이유는 무엇인가? 실패를 판단하는 기준은 무엇인가? 처음에 설정한 목표치를 달성하지 못했기 때문인가? 그 목표치에 남과의 비교, 남들 시선에 대한 의식이 자리 잡고 있지는 않은가? 지금은 과거의 그 실패를 어떻게 바라보는가? 그 실패가 가져다준 것은 무엇인가? 앞으로도 그 실패가 재현될 가능성은 없는가?

내 인생의 실패 1

가장 낮은 곳에

그래도라는 섬이 있다.

그래도 살아가는 사람들.

그래도라는 섬에서

그래도 부둥켜안고

그래도 손만 놓지 않는다면

언젠가 가을 다 건너 빛의 뗏목에 올라서리라.

— 김승희 〈그래도라는 섬이 있다〉의 일부

* * *

어떤 좌절과 실패를 겪는다 해도, 어떤 슬픔과 고통을 당한다 해도 그래도 다시 일어서야 하는 게 우리 삶인가 보다. 이 시를 보면 그래도 서로 손을 잡고 그래도 서로 안아주고 그래도 살아간다는 게 우리 모두의 인생 숙제라는 생각이 든다. 우리 한 명 한 명이 그래도라는 섬인지도 모르겠다. 그래도라는 섬들이 모여 그래도라는 세상을 만들고 그런 세상 덕분에 그래도 살아갈 수 있게 되는지도……

지금까지 살면서 가장 힘들었던 때는 언제인가?

무엇 때문에 그렇게 힘들었나? 그래도 버텨낸 이야기를 써보라.

그때, 삶은 나를 어떻게 속였는가?

시인 푸시킨의 '삶이 그대를 속일지라도 슬퍼하거나 화내지 말라'는 시구를 들어보았을 것이다. 그때 삶은 나를 어떻게 속였는가? (시의 마지막 구절처럼) 그 모든 일이 정말로 순식간에 지나가고, 지나간 것은 소중해졌는가?

_____

_____

_____

_____

_____

_____

_____

_____

_____

나는 열심히 미워하는 결과로 무엇을 얻는가?

미워하는 사람이 있는가? 누구를 어떤 이유로 미워하는가? 혹시 그 미움이 시간이나 에너지 낭비는 아닌가? 미워할 때 나의 마음은 어떠한가?

만날 때마다 부럽고 어쩐지 주눅드는 누군가가 있는가?

왜 그런가? 내가 갖지 못한 무엇이 그 사람에게 있는 것이라서
그러한가? 혹시 내게 있고 그 사람에게 없는 것은 무엇일지 생
각해보았는가?

꼰대라고 불려본 적 있는가?

어떤 상황에서 어떤 이유로 그런 말을 들었나? 꼰대라는 말은
들으면 어떤 기분인가? 기분이 나쁘다면 왜 나쁜가?

"네가 여러 생에 익힌 업보로 그같이 흉한 탈을 쓰고 있는데
계속 그래서야 되겠니? 어서어서 해탈하거라."

먹을 것을 짐승과 나누기 위한 헌식돌에 늘 찾아와 말끔히 먹어
치우던 커다란 쥐 한 마리에게 법정 스님이 해주었다는 말이다.
다음 날 그 쥐가 헌식돌 아래 죽어 있었고 스님은 염불을 하고
그 자리에 묻어준 후 명복을 빌었다고 한다. 홀로 암자에서 수
행하면서 만난 쥐와의 인연은 법정 스님의 <쥐 이야기>라는 수
필에 담겨 있다.

* * *

불교 신자는 아니지만 그래도 나는 전생의 업보라는 말에 자
주 위안을 얻곤 한다. 뭔가 손해 보고 억울한 상황에 놓일 때
'내가 전생에 지은 업을 갚는 모양이다'라고 생각하면 쉬이 넘
어갈 수 있어서 그렇다. 하긴 전생뿐 아니라 현생에도 나도 모
르는 사이에 남에게 피해를 입히고 불쾌감을 준 적이 얼마나
많았겠는가.
오늘 내가 당한 일이 앞서 내가 가한 일의 되돌아옴이라 여긴

다면 들끓는 감정이 어느새 고요해질 것이다. 내 인생이 온전히 내 의지와 통제 아래 있다는 오만함도 좀 덜어낼 수 있을지 모른다.

억울한 일들을 전생의 업보라고 위로해보면 어떨까?

예를 들어 '전생에 내가 저 사람한테 뭘 많이 잘못한 모양이야. 할 수 없지. 이번 생에 갚고 가야겠다'라고 생각하며 마음을 가라앉히는 것이다. 어떤 상황, 어떤 사람에 대해 이런 위로 방법을 동원하고 싶은가?

내가 받은 최악의 오해는 무엇이었나?

하지도 않은 일을 뒤집어썼나? 순수한 의도가 엉뚱하게 받아들여졌나? 지금 다시 돌이켜보면 어떤 감정이 드는가?

결혼하려는 이들에게 무슨 말을 해주고 싶은가?

결혼에 대한 내 경험이나 의견은 어떤가? '결혼한 부부'라는 관계를 지속하는 것은 가장 힘겨운 도 닦음의 과정일 수 있다. 결혼하려는 이들에게 무슨 말을 해주고 싶은가?

"나한테는 딱히
쓸거리가 없어요!"

대학 신입생들도, 학위논문을 써야 하는 대학원생도 똑같이 이런 말을 한다. 아는 것이 별로 없어서, 남다른 경험이나 생각이 딱히 없어서 글로 쓸 만한 것이 없다고 말이다. 그러면 난 "준비가 다 되었을 때에야 쓸 수 있다면 영원히 쓰지 못할 것 같은데요"라고 대답하곤 한다. 더 멋진 경험이 찾아올 때까지 기다리는 일, 미처 몰랐던 지식을 더 접하는 일은 죽는 순간까지 끝없이 이어질 테니 말이다.

그러니 글은 현재 상태에서 쓰면 된다. 경험은 실상 모두 남

다르다. 겉으로 보기에는 똑같다 해도 그 경험을 통해 느낀 감정, 갖게 된 의견은 사람마다 다를 수밖에 없기 때문이다. 쓸거리는 누구에게든 있다. 지금 이 순간, 아니면 몇 시간 전, 그도 아니면 어제 했던 생각을 글로 옮길 수 있다.

별 생각 없이 흘려보낼 수 있는 친구와의 대화, SNS에서 접한 이야기, 텔레비전 방송 프로그램 한 토막 등도 글의 소재가 된다. 간밤에 나를 무척이나 괴롭히며 잠 못 들게 만든 모기에 대해 분노의 글 한 편을 쓰는 일도 가능하다. 모기에 대처하는 나만의 방법, 번식을 위해 피를 빨아야만 하는 모기 생태에 대한 생각, 모기에 시달렸던 특정 시간 특정 장소에 대한 기억 등이 재미난 글로 탄생하는 것이다.

쓸거리가 없다는 생각은 충분히 구체적으로 접근하지 않았기 때문일지 모른다. 내가 하는 일을 설명하는 글, 취미와 관심사를 소개하는 글로 자신을 표현하는 상황을 상상해보자. 나는 회사원이고 음악 듣기가 취미라는 식의 단답형 대답은 곤란하다. 구체적으로 들어가야 글이 나온다.

회사원이라면 몇 년차인지, 어느 부서에 근무하는지, 어떤 업무를 맡는지, 어떤 과정을 거쳐 그 업무를 담당하게 되었는지, 그 업무가 어떤 점에서 중요한지, 그 업무를 처리하는 과정은 어떻게 진행되는지, 일하는 과정에서 겪게 되는 어려움은 무엇인지, 어려움을 극복하는 방법은 무엇인지, 업무상 주로 만나게 되는 사람들은 누구고 어떤 관계를 맺고 있는지, 내 직장 생활의 좋은 점과 아쉬운 점은 무엇인지, 출퇴근 방법은 무엇이고 시간은 얼마나 걸리는지, 점심 식사는 어떻게 해결하는지, 야근 같은 시간 외 근무가 많은지 등 읽는 이가 궁금할 만한 부분을 다뤄야 할 것이다.

음악 듣기에서도 어떤 장르를 좋아하는지, 어느 가수의 어느 곡(혹은 어느 작곡가의 어느 작품)을 추천할 수 있는지, 음원은 어디서 찾는지, 주로 어떤 시간대에 어디서 음악을 듣는지, 음악 듣기와 관련된 추억이 있는지, 음악 듣기가 언제부터 취미였는지, 음악 듣기를 통해 내가 얻는 효과는 무엇인지, 구독하는 유튜브 음악 채널은 무엇인지 등을 소개할 수 있다.

똑같이 음악 듣기를 좋아하는 회사원이라 해도 이렇게 구체적으로 하나씩 짚어본다면 다른 누구와도 차별화된 '나'라는 한 사람이 표현될 것이다. 멋지지 않은가!

내 감정과 생각을 글로 옮기는 과정은, 동시에 글쓰기를 통해 내 감정과 생각을 다시 발견해가는 과정이기도 하다. 과거의 경험을 쓰려고 한다면 그 경험의 구체적인 요소를 다시금 떠올려야 한다. 언제 무슨 일이 일어났는지, 어떤 대화가 오갔는지, 어떤 느낌을 받았는지 등등. 중간중간 '맞다, 그랬구나!'라는 생각이 절로 떠오를 것이다. 그때 무엇 때문에 그런 느낌을 받았는지 곰곰이 생각에 빠지기도 한다. 당시의 감정과 함께 그 경험을 돌이켜보는 현재의 감정도 글에 담긴다. 이렇게 하여 과거의 경험이 다시금 생명을 얻는다. 기억 속에서 많은 부분이 희미해졌던 경험을 글쓰기를 통해 되살리는 것이다.

그러니 일단은 도전해볼 일이다. 지극히 평범하고 특색 없다고 생각하던 일이라도 글로 쓰면서 생각하다 보면 나만의 색깔을 드러낼 부분이 나올 테니까, 그러면서 내 삶이 그 누구와도 다른 흥미로운 이야기책이라는 점을 깨닫게 될 테니까.

내 과거를
발견하다

그때의 나에게
어떤 말을 들려주고 싶은가?

누구나 그렇겠지만 나도 죽을 뻔한 일을 겪은 적이 있다. 1987년, 대학 신입생 때였다. 낭만적인 선배가 하이킹 행사를 만들었다. 당시 서울지하철 3호선의 종점이었던 구파발역에 모여 자전거를 빌려 타고 서오릉에 다녀온다고 했다. 열댓 명이 모였다.

나는 중학생 때까지 집 근처에서 놀이 삼아 잠깐씩 타던 자전거 실력을 믿고 배짱 좋게 합세했다. 하이킹은 쉽지 않았다. 트럭이 질주하며 빵빵거리는 큰 도로에서 줄지어 자전거를 타자니 정신이 없었다. 빌려 탄 자전거는 여기저기 삐걱거렸고 특히 브레이크가 잘 듣지 않았다.

한 줄로 달리던 자전거가 중간 집결한 곳은 천변 길가였다. 지금 찾아보니 정릉천이었던 것 같다. 정강이 높이로 콘크리트 경계가 쳐진 바깥으로 실개천이 흘렀다. 앞의 자전거들이 하나하나 집결지에 멈췄고 나도 그 뒤에 세우려는 참이었는데…….

아뿔싸! 브레이크 안 듣는 내 자전거가 낮은 콘크리트 경계를 가뿐히 넘어가고 말았다.

정신을 차려보니 난 자전거를 탄 모습 그대로 얕은 물속에 서 있었다. 함께 갔던 친구들은 물론이고 지나가다 차를 급정거시키고 뛰어내린 운전자 아저씨들까지 걱정 가득한 얼굴로 내가 있는 아래쪽을 내려다보는 중이었다. 경계를 타고 넘어 자전거가 붕 날아간 진풍경이었으니 말이다.

자칫했으면 돌투성이 바닥에 어깨나 몸통이, 더 운 나쁘게는 머리가 부딪힐 수 있던 상황이었는데 딱 적당한 높이 덕분인지, 속도가 빠르지 않았던 덕분인지 몇 군데 멍든 것 빼고는 멀쩡했다. 그 순간 죽거나 아니면 크게 다칠 팔자는 아니었던 모양이다.

그날은 뒤풀이까지 하면서 하하호호 지나갔지만 이후

간혹 그 순간이 떠올랐다. 여러 우연이 도운 덕분에 멀쩡한 몸으로 살게 되긴 했는데 그럴 만큼 가치 있는, 뭔가 세상에 도움 되는 존재로 살고 있나 반성도 하곤 했다. 그 사건 덕분에 언제든 그런 순간이 다시 찾아올 수 있다는, 오늘의 삶이 덤일지 모른다는 생각을 하게 되었다. 현재의 나를 만든 한 조각이었던 셈이다.

다른 조각들도 많다. 장녀와 장손 사이에 끼인 둘째 딸인 나는, 집안 어른들의 관심이 장녀와 장손에게 차례로 옮겨가는 모습을 보면서 일찌감치 포기를 배웠고 나름의 생존 기술을 연마해야 했다. 결혼한 후에는 '여자라는 이유로 당연히 감당해야 하는 의무들'을 만나 다시금 적응하고 마음 닦는 과정을 거쳤다. 선택의 기회 없이 주어졌던 이런 조건들 역시 나의 일부가 되었다. 그리고 손해를 보며 살아보는 경험이 세상과 사람을 이해하는 데 꼭 필요하다는 결론에 이르렀다. 그 경험 덕분에 나는 손해 보면서 힘들어하는 이들에게 조금이라도 더 공감할 수 있게 되었으므로.

이 장의 질문들은 어쩌면 평소 잘 생각하지 않았던 내 과거를 다시 떠올리게 할 것이다. 지금까지의 삶에서 어떤 보석 같은 순간, 또는 결핍의 조건이 나라는 한 세계를 만들고 있는지 살펴보자. 혹시라도 장벽이나 장애물이 되어 현재의 삶을 망치고 있는 과거가 있다면 울타리를 잘 세워두고 뒤로 물러서는 '졸업'의 과정을 거치기 바란다.

내 인생에서 기억나는 최초의 순간은 언제인가?

좋은 기억이든 나쁜 기억이든 좋다. 그때 나는 어디서 무엇을
하고 있었나?

나 자신이 자랑스럽고 뿌듯했던 순간은 언제인가?

무엇이 왜 자랑스러웠는지 써보라.

내가 참으로 부끄럽고 찌질했던 순간은 또 언제인가?

왜 그렇다고 생각하는지 써보라.

내가 진심으로 아끼고 사랑했던 사람/물건/동물에 대해 써보자.

왜 그토록 아끼고 사랑했나?

생각만 해도 몸서리가 쳐질 정도로 싫었던 사람/물건/동물에 대해 써보자.

왜 그토록 싫었을까? 지금은 어떤가?

나보다 앞서 태어나 살아가는 가족이나 친척에 대해 써보라.

나라는 존재는 진공에서 갑자기 튀어나온 것이 아니다. 부모님, 조부모님, 이모와 삼촌들 등 앞선 세대의 삶은 내게 영향을 미친다. 나는 어떤 흐름의 일부인가? 그 흐름은 내게 어떤 영향을 미치는가?

과거의 한때를 함께했던 지인은 나를 어떤 모습으로 기억하고 있는가?

지인에게 물어보고 답변을 써보라. 생각했던 그대로의 나를 만났는가? 혹시 나조차 까맣게 잊고 있던 내가 나타나지는 않았는가?

_____

_____

_____

_____

_____

_____

_____

_____

_____

"이제 그리운 것은 그리운 대로 내 맘에 둘 거야.
그대 생각이 나면 생각 난 대로 내버려두듯이."
— 〈옛사랑〉 중에서

"지나간 것은 지나간 대로 그런 의미가 있어.
떠난 이에게 노래하세요. 후회 없이 사랑했노라 말해요."
— 〈걱정 말아요 그대〉 중에서

* * *

두 곡 모두 어쩐지 가슴을 뭉클하게 한다. 그리운 일이 떠올라 다시 그리워질 때 그냥 그렇게 마음 한구석을 내주면 된다는 말이, 지나간 일을 아쉬워하거나 원통해하기보다 그대로 의미를 부여해도 괜찮다는 말이 위로가 된다.

물론 시간의 힘이 필요하다. 하지만 시간만 흐른다고 다 이런 경지에 오르는 것은 아니다. 철없고 초라했던 나를 미소 지으며 바라보려는 노력이 필요하다. 글쓰기는 그 노력의 한 방법이다. 글 속으로 옮겨진 내 모습은 따뜻하게 웃어줄 수 있는 대상이 된다.

아직도 차마 놓지 못하는 기억이 있는가?

지나간 그대로 의미가 있다고 생각되는 일에 대해 써보라. 지금
까지 그 일에서 한 발짝 떨어질 수 없었던 이유는 무엇인가?

나에게 부모, 형제 같은 가족은 어떤 존재이며 어떤 의미인가?

나는 가족과 어떤 관계를 맺어 왔는가? 해묵은 갈등이 해소되어 대통합을 이루라는 뜻은 아니다. 한 발짝 떨어져 내 생각과 감정을 정리하는 것이 훨씬 더 중요한 목표이다. 그러니 솔직하게 써보라.

(가족은 따뜻한 울타리이고 사랑 넘치는 공동체라는 고정관념으로부터 잠시 벗어나도 좋다. 세상에는 가족에서 힘을 얻은 사람 못지않게 가족 때문에 좌절하고 상처 입은 사람이 많기 때문이다. 주거를 함께 하는 가족은 서로의 민낯을 속속들이 드러낼 수밖에 없는 사이여서 그렇다.)

싫어했던 부모님의 모습을 내 안에서 발견한 적이 있는가?

어떤 모습인가? 그 모습의 장단점을 평가해보라.

나만의 인생 경험이라 할 만한 것을 떠올려 써보라.

그 경험이 어떤 의미를 갖는가? 나는 그 경험으로 어떻게 달라졌는가? 누군가에게 그 경험을 털어놓은 적이 있는가? 상대의 반응은 어떠했나?

시간이 흘러도 죄책감을 떨치기 힘든 사건이 있는가?

어떤 일이었나? 그때 어떻게 했어야 한다고 생각하는가? 그러지
못한 이유는 무엇이었나?

_____

_____

_____

_____

_____

_____

_____

_____

_____

_____

그대만큼 사랑스러운 사람을 본 일이 없다
그대만큼 나를 정직하게 해준 이가 없었다.
— 김남조 시 〈편지〉 일부

* * *

공부 모임에 참여하기 위해 어느 대학에 갔던 날, 교문 앞의
입간판에서 이 시구절을 보았다. 의기소침한 상태여서 그랬는
지 눈시울이 뜨거워질 만큼 뜻밖의 큰 위로를 받았다. 다 괜
찮다고, 내 삶은 충분히 사랑스럽다고 말해주는 듯한……
자기 삶에 분명 존재하고 있을 사랑스러운 면에 혹시 눈 감고
있지는 않는가? ('사랑'이라는 단어가 너무 부담스럽다면 '자랑스
러운 면'이나 '존경스러운 면'으로 바꿔봐도 좋겠다.)

이별했지만 지금도 그리운 사람을 떠올려보라.

연인일 수도, 친구일 수도, 가족이나 친척일 수도 있다. 이별 후 같은 하늘 아래 살고 있을 수도 있고, 멀리 떠나거나 저세상으로 가버린 탓에 영영 보지 못할 수도 있겠다. 그 사람과 나눴던 시간에 대해 써보자.

이별했지만 지금도 그리운 사람 1

146

예전에 푹 빠져 있다가 언젠가부터 무심해졌던 활동이 있는가?

내 한때를 온통 차지했던 취미, 모임, 활동 등에 대해 써보라. 내 삶에 어떤 자취가 남았는가? 당시의 나에게 지금의 나는 어떤 말을 해주고 싶은가?

나를 분노하게 하는 것은 무엇인가?

왜 분노하는가? 언제부터 그런 분노가 생겼나?

나는 거절할 줄 아는 사람인가?

거절했던 혹은 거절하지 못했던 경험을 떠올려보라. 무엇을, 왜
그랬나? 다시 그 상황이 온다면 어떻게 할 것 같은가?

누군가에게 도움을 주어 뿌듯했던 순간을 떠올려보라.

어떤 도움을 어떻게 주었는가? 왜 그런 도움을 주게 되었는가?

지금까지 살아온 삶을 돌이켜보고 나의 묘비명을 적어보라.

_____

_____

_____

_____

_____

_____

_____

_____

_____

_____

_____

"어떻게 시작하지?
끝은 또 어떻게 맺어야 하지?"

글쓰기에서 어떤 점이 가장 힘드냐고 질문을 던지면 글을 어떻게 시작해야 할지, 그리고 어떻게 끝내야 할지 모르겠다는 대답이 자주 나온다. 첫 문장을 시작하지 못해 쩔쩔매면서, 또 마무리를 짓기 위해 고민하면서 괴로워하던 순간이 떠오르기 때문일 것이다.

자, 먼저 기억해야 할 점이 있다. 글쓰기는 첫 문장부터 시작해 순차적으로 문장들이 이어진 후 마지막 문장으로 끝맺는 작업이 아니다. 그러니 최종 결과물 글의 첫 문장이 마술처럼 흘러나오리라는 기대는 아예 안 하는 편이 좋다. 글쓴이가 새로운 글을 쓰면서 처음 만들게 되는 문장은 대부분의 경우, 완성 글의 첫 문장이 아니다. 아니, 완성 글에 아예 들어가지도 못하는 일이 많다.

쓰기 시작하는 첫 단계에서는 가장 먼저 해야 할 일은 그 글을 통해 전달하고 싶은 핵심을 한 문장으로 만드는 것이다. 예를 들어 '나는 배우 ○○○을 좋아한다'라는 문장을 쓰는 것으로 작업을 시작할 수 있다. 글 한 편을 통해 반드시 전달하고 싶은 메시지가 배우에 대한 자신의 애정인 것이다. 좋아한다면 왜 좋아하는지 이유를 밝혀야 하니 그다음에는 이유를 쓰게 될 것이다.

첫 번째 이유, 두 번째 이유, 세 번째 이유가 있다고 하면 일단 각각의 이유부터 써보라. 이유를 쓰다 보니 그 배우에 대한 부정적인 평가(발음이 부정확하다든지, 표정이 제한적이라든지 등)를 반박해야 할 것 같다는 생각이 든다. 그럼 이유를 쓰고 난 다음에 몇 가지 주된 부정적인 평가에 대한 반박을 쓴다. 여기까지를 글의 중심 내용으로 삼기로 결정했다고 하자.

다음으로는 순서를 정해야 한다. 내가 좋아하는 이유를 앞에 둘 것인가, 부정적 평가에 대한 반박을 앞에 둘 것인가. 부정적인 평가를 하나씩 반박하면서 내가 좋아하는 이유를 제시하는 또 다른 구조도 가능하다. 결정된 순서에 따라 글을 정리하고 다시 읽어본다. 부정적 평가에 대한 반박을 글의 앞부분에 두었다면 글 첫 부분에 가장 극단적인, 혹은 가장 유명한 혹평을 인용하는 충격 요법이 가능하다. 반면 내 애정의 이유를 먼저 소개하는 글이라면 그 배우가 보여준 최고의 모습을 설명하는 문장으로 글 도입부를 장식할 수 있다.

다시 정리하자면 이렇다. 핵심을 담은 문장을 쓰고 중심 내용부터 쓰다 보면 생각이 정리되면서 글의 첫머리를 어떻게 만들고 끝맺음은 어떻게 할지 떠오를 것이다. 제일 처음에 쓴 핵심 문장은 어차피 그 모습 그대로 글에 들어가지 못할 가능성이 크니 이걸 쓰는 데 너무 힘을 많이 들이지 않아도 좋다.

중심 내용을 어느 정도 썼는데도 글 시작과 끝을 어떻게 해야 할지 도저히 모르겠다고? 그럼 다른 글들을 읽어보면서 시작과 끝을 유심히 살피는 방법이 있다. 쓰고 있는 글과 주제나 형식이 비슷한 글을 찾아 읽어보라. 글마다 특징은 다양할 것이다. 말하고 싶은 핵심을 처음부터 밝히고 들어가는 글, 독자의 관심을 끌 수 있는 기사나 사례 혹은 인용구를 제시하면서 시작하는 글, 자기 생각과 반대되는 의견을 먼저 던지고 이를 반박하면서 전개되는 글 등등. 다른 글들을 여러 개 살피다 보면 이거다 싶은 방법이 나올 수 있다.

시작과 끝을 결정하는 데 시간이 좀 걸릴지도 모른다. 마감 기한이 정해진 글이라면 고민할 시간이 확보되게끔 몸통 글 작업을 부지런히 끝내야 할 필요도 있다. 고민하는 그 순간에 접한 라디오 방송이나 동영상, 지하철에서 본 광고 등이 예상치 못한 돌파구를 뚫어주는 기적 같은 경험도 가능할지 모른다. 온 세상이 힘을 합쳐 내 글쓰기를 도와주는 기적 말이다.

내 내일을
기획하다

작고 사소한 변화를
어떻게 이뤄갈 것인가

"나는 매일 밤 잠들면서 죽고, 다음 날 아침 깨어나면서 다시 살아난다."

마하트마 간디가 남긴 이 말은 여러 가지를 생각하게 한다. 일단은 오늘까지의 내가 어떤 모습이었든 내일은 새로운 모습이 될 수 있다는 희망을 전해준다. 지금 이 모습으로 내일도 살 수밖에 없으리라는 체념을, 오늘도 이 모양인데 내일이라고 뭐가 바뀌겠냐는 냉소를 버리게 만든다. 내일 다시 살아난 나는 어떤 모습일까? 조금 더 부지런한 나? 자신을 아끼고 잘 보살피는 나? 더 너그럽고 친절한 나? 내일의 내 모습을 상상하고 계획해볼 기회이다.

그 다음으로 '오늘'의 의미를 다시 새기게 한다. 오늘이 끝나면서 죽는 거라면 이 하루 동안에 할 수 있는 한 더 많이 보고 느끼고 즐기려 노력해야 하지 않을까. 꼭 해야 할 말과 꼭 끝내둬야 할 일을 열심히 챙겨야 하지 않을까. 그런 하루들이 차곡차곡 쌓여나가면 저절로 최선을 다하는 삶, 최고로 누리는 삶이 만들어질 것이다.

마지막으로 새로 맞이하는 '내일'을 더 큰 감동으로 바라보게 한다. 잠들었다 깨어나면 당연히 내일이 올 거라 여기지만 사실 이는 전혀 당연하지 않다. 내일은 올지 안 올지 모르고, 온다 해도 어떤 모습으로 올지 알 수 없다. 따라서 아침에 눈을 떠 다시 하루를 시작한다는 건 그야말로 나를 새로 살아나게 하는 축복이다. 그 하루는 이전의 어떤 하루와도 다를 것이니 그저 무심히 흘려보내기에는 아쉽다. 잠자리에서 일어나기 전에 다시 살아났다는 것에 감사하고 새로운 하루 동안 보낼 시간을 예상하고 기대해보면 어떨까.

어느새 이 책의 마지막 장에 이르렀다. 내 일상과 마음, 과거와 실패를 짚어보았으니 이제 내일을 생각하는 단계로

가고자 한다.

지금까지 질문들에 답하면서 현재의 나와 지나온 내 삶에 별다른 문제가 없이 만족스러웠다면 변화를 위한 기획은 크게 필요하지 않을지도 모른다. 다만 조금 더 잘 알게 된 나 자신을 일상의 무수한 선택 상황에서 최대한 배려해주면 족하다.

반면 나를 위해 무언가 변화가 필요하다는 생각을 하게 되었다면 어떤 변화부터 어떤 방향으로 이뤄낼지 기획이 필요하다. 확 바뀌어버리겠다는 생각은 좀 위험하다. 중간에 아예 그만둬버릴 확률이 높아서 그렇다. 확 바뀌는 최종 결과를 위해 작고 사소한 변화를 어떻게 차근차근 이뤄갈지 생각해달라.

'내일'의 시간적 범주도 사람마다 다를 것이다. 몇 년, 심지어 몇십 년을 내다보는 유형이 있는가 하면 하루나 한 주 단위인 유형도 있다. 장기 계획을 세우는 편이라 해도 자칫 하루를 사소하게 넘겨버리지는 않았으면 한다. 장기적인 단위에서는 내가 통제할 수 없는 변수가 너무도 많이 발생할 텐데 거기 매달리다가 '지금 여기'를 놓친다면 그만큼 안타까운 일도 없을 테니 말이다.

내 내일의 기획자는 다른 누구도 아닌 나 자신이다. 오늘보다 더 나은 사람으로 사는 내일, 오늘보다 더 아름다울 내일의 삶을 진심으로 기원한다.

나는 어떻게 일하는 스타일인가?

미리 계획을 세워서 하나씩 처리하는 편인가, 아니면 일단 부딪친 다음 문제를 파악하면서 진행하는 편인가? 잘 모르겠다면 지금까지 일했던 경험들을 떠올리며 내가 어떤 스타일인지 생각해보자.

나는 어떤 종류의 일을 좋아하는 사람인가?

반복적인 일? 몸을 쓰는 일? 생각을 많이 해야 하는 일? 여러 사람과 어울려 해결해야 하는 일? 지금 주로 하는 일은 그 성향과 맞는가? 현재 하는 일에 대해 써보라.

내가 오랫동안 미루고 있는 일은 무엇인가?

왜 그 일을 하려고 하는가? 언제 어떻게 시작할 작정인지 구체적인 계획을 수립해보라.

_____

_____

_____

_____

_____

_____

_____

_____

_____

_____

스스로에게 '꼭 해야 한다'라고 다그치는 일은 무엇인가?

인생에서 꼭 해야 하는 일은 사실 별로 없는지도 모른다. '해야
한다'로부터 벗어날 방법은 무엇일까?

"타고난 기질과 재능을 활용하지 못하는 사람이
가장 가난하다."

네가 받은 것을 모두 쓰도록 해라. 자신의 모자람을 탓하지 마라. 이미 가지고 있는 것이 넘친다. 하늘에 감사해라. 강점을 찾아내 치열하게 계발해라. 자신의 재능을 낭비한 사람이 되지 마라. 가장 가난한 사람은 타고난 기질과 재능을 활용하지 못하는 사람이다. 먼저 자신에게 투자해라. 다른 사람을 위해 애쓰다 쉽게 지치지 마라.

* * *

혁신전문가 구본형이 딸에게 써준 편지 중 일부이다. 내게 부족한 부분, 모자란 부분을 자꾸만 끌어내 핑곗거리를 찾는 우리에게 '이미 가진 것이 넘친다'는 말은 꾸짖음이기도 하고 위로로 다가오기도 한다. 내가 받은 기질과 재능을 충분히 발휘해야 하는 것은 인생이라는 선물을 받은 우리 모두의 의무인지도 모른다.

내가 타고난 기질과 재능은 무엇인가?

나는 이를 어떻게 계발하여 활용하고 있는가? 혹은 활용할 계획인가?

나는 다른 사람을 만나 어울리면서 에너지를 얻는 유형인가, 아니면 빼앗기는 유형인가?

잘 모르겠다면 모임 등에서 사람들과 헤어져 돌아오는 길에 어떤 느낌을 받는지 떠올려보라.

최근의 즐거웠던 만남에 대해 써보라.

식사 자리, 술자리, 차 한 잔의 만남 등. 누구를 만나 어떤 이야기를 나누었나? 왜, 어떤 부분이 즐거웠나? (즐거웠던 만남은 다시 떠올리는 것만으로도 힘이 되므로 여러 개를 떠올리도록 하자.)

1.
_____

_____

_____

2.
_____

_____

_____

3.
_____

_____

지금 나를 힘들게 하는 인간관계에 대해 써보라.

그 관계가 힘든 이유는 무엇인가? 그 이유에 대해 내가 뭔가 할 수 있는 일이 있을까? (애석하게도 우리 인생에는 좋은 관계보다 힘든 관계가 더 많다. 그러니 빈 칸을 여러 개 두겠다.)

1.

2.

3.

4.

5.

내가 좋아하는 친구들에 대해 이야기해보자.

나에게 친구란 어떤 존재인가? 나는 친구를 어떻게 정의하는
가? 그 정의에 딱 맞는 친구 역할을 나는 누구에게 해주고 있
는가?

돈에 대한 내 생각은 어떤가?

얼마를 가지고 있어야 마음이 편한가? 그 액수의 기준은 무엇인가? 이 기준은 언제 어떻게 만들어진 것인가?

나는 무엇에 아낌 없이 돈을 쓰는가?

나는 어떤 유형의 소비자인가? 사고 나서 후회한 물건이 있다면 무엇인가?

_____

_____

_____

_____

_____

_____

_____

_____

_____

_____

_____

돈을 모으고 있는가?

무엇을 위해 얼마를 모을 작정인가? 돈을 모으지 않는다면 어떤 이유 때문인가?

_____

_____

_____

_____

_____

_____

_____

_____

_____

_____

_____

"지금 이 순간을 살라고 스스로에게 말합니다.

제가 할 수 있는 건 이 순간을 사는 것, 그리고 잃어가는 법을

배우라고 스스로를 너무 몰아붙이지 않는 것입니다."

* * *

50세에 유전성 알츠하이머가 발병해 기억과 인지 기능, 신체 기능을 계속 잃어가는 인물을 다룬 영화 〈스틸 앨리스(Still Alice)〉(2014)에서 주인공 앨리스가 하는 연설의 일부이다. '지금 이 순간을 살라'는 말은 사실 여기저기서 많이 듣곤 한다. 그러나 열심히 쌓아온 인생의 성취를 하나씩 놓아 보내고 자식의 이름도 잊어버리고 화장실을 못 찾아 그대로 오줌을 싸버리는 지경에 이른 앨리스가 해주는 이 말은 더 특별하게 와닿는다.

연설 서두에서 앨리스는 '모든 것은 결국 잃어버리도록 되어 있는 것'이라는 시구를 인용한다. 앨리스처럼 빠른 속도는 아니라 해도 우리의 삶 또한 무언가 얻었다가 잃어버리기를 반복한다. 살면서 얻었던 것, 또 잃었던 것들을 돌이켜보라. 또 지금 갖고 누리는 것들을 하나씩 놓아버린다고 할 때 가장 마지막까지 붙잡고 싶은 것은 무엇인지도 생각해보라.

나는 무엇을 위해 사는가?

일단 당장 떠오르는 답을 써보라. 그리고 시간을 두고 곰곰이 생각을 거듭해보라. 사는 이유는 여러 가지가 있을 수도 있고 세월의 흐름과 함께 바뀌기도 한다. 자신이 무엇을 위해 사는지 대답을 마련해둔다면 삶이라는 파도에 휩쓸리면서도 나의 중심을 잡기가 훨씬 쉬워질 것이다.

지금으로부터 10년 혹은 20년 후의 나에게 편지를 써보라.

어떤 모습으로 무엇을 하고 있을 것 같은가? 현재의 내가 그 미래의 나에게 보내는, 혹은 미래의 내가 현재의 나에게 보내는 편지를 써보라.

지금까지 매달려 온 일(직장, 사업, 자녀나 부모님 뒷바라지 등)이 일단락되면 제일 먼저 하고 싶은 일은 무엇인가?

무엇을 어떻게 할 것인지 구체적인 계획을 세워보라. 예를 들어 여행을 간다면 어디를, 왜, 어떤 방식으로 둘러보고 싶은지 써 보라.

향후 2, 3년 내에 도달하고 싶은 목표가 있는가?

그 목표를 이루고 싶은 이유는 무엇인가? 어떤 과정과 단계를 밟아 그 목표를 달성할 계획인가?

_____

_____

_____

_____

_____

_____

_____

_____

_____

_____

_____

"인생의 목적은 이기는 게 아니라 성장하고 나누는 것이다.

살면서 했던 모든 일을 되돌아볼 때,

남을 넘어서고 이겼던 때보다는 남에게 기쁨을 주었던 순간이

훨씬 더 뿌듯하게 다가올 것이다."

― 해럴드 쿠시너

* * *

나는 내가 가진 무엇으로 남에게 기쁨을 줄 수 있을가? 삶을 마무리하며 돌이켜볼 때 어떤 순간이 뿌듯하게 다가올 것 같은가?

앞으로 살날이 반년 남았다면 그 시간을 어떻게 보내겠는가?

꼭 만나야 할 사람은 누구인가? 꼭 해야 할 일은 무엇인가? 어차피 우리 인생은 다 시한부다.

나는 매일 밤 잠들면서 죽고

다음 날 아침 깨어나면서 다시 살아난다

"너무 사소하거나
너무 불편한 주제는 아닐까?"

쓰고 싶은 얘기를 자유롭게 쓰라고 하면 오히려 뭘 써야 할지 더 고민이 된다고들 한다. 지금 이 순간 내 마음을 사로잡고 있는 생각이나 상황에 대해 그냥 쓰면 될 텐데 선뜻 결정을 내리지 못한다. 너무 사소하고 아무도 관심 없는 주제일 거라는 걱정 때문이다.

자, 세상에 너무 사소한 주제란 없다. 휴일에 뭐했냐는 질문에 집에서 그냥 쉬었다고 대답한다면 이건 사소하다. 하지만 집에서 끼니를 어떻게 준비해 무엇으로 해결했는지, 휴대폰을 만

지작거리면서 어떤 글과 동영상을 살펴보았는지, 이를 통해 새로운 무엇을 접하고 어떤 생각을 하게 되었는지, 집에서 무슨 옷을 입고 있었고 그 옷에 얽힌 사연은 무엇인지, 종일 머물러 있던 집은 어떤 모습이고 내게 어떤 의미를 지니는지 등등의 이야기를 풀어내기 시작한다면 전혀 사소하지 않다. 다른 누구와도 같지 않은 글쓴이만의 시간과 경험을 드러내주는 글이니 말이다.

또한 다른 사람들의 관심보다는 글쓴이 자신의 관심이 훨씬 중요하다. 글쓴이가 글의 주제에 관심이 없다면 힘겨운 쓰기 과정을 버텨내기가 무척 힘들다. 중간에 포기할 확률도 높다. 글쓴이가 크나큰 관심에서 출발해 애정을 갖고 써 내려간 글이라면 읽는 이도 자세가 달라질 것이다. 어영부영 지면만 채운 글과는 전혀 다르게 받아들여질 테니 말이다.

글의 주제 정하기를 방해하는 또 다른 걱정은 누군가 읽고 불편해지는 주제가 아닐까 하는 것이다. '종교나 정치, 첨예한 사회 이슈를 다루다가 자칫 매도당하지는 않을까? 그냥 너도 좋고 나도 좋은 평화로운 글을 쓰는 게 안전하고 편안하지 않을까?'라고 생각할 수도 있다. 그러나 완벽히 안전하고 편안한 글이 과연 존재할까 의심스럽다. 모든 글에는 글쓴이의 사고(바꿔 말하면 편견, 경험, 믿음 등)가 반영되는데, 세상 사람 모두가 그 사고에 동조해줄 가능성은 없다고 봐야 한다. 많은 이가 딱히 반박하고 나서지 않을 것 같은, 상대적으로 뭉툭한 글을 쓸 작정이라면 연암 박지원의 말을 한번 곱씹어볼 만하다.

> "남을 아프게 하지도 가렵게 하지도 못하고,
> 구절마다 범범하고 데면데면해서 우유부단하기만 하다면
> 이런 글을 대체 얻다 쓰겠는가?"
> —《연암 박지원의 글 짓는 법》(박수밀, 2013) 중에서.

글을 쓴다는 것은 나를 표현하는 일이다. 남과는 다른 내가 표현되어야 한다는 뜻이다. 누군가와 합의에 이르기 위해 내 의견을 글로 쓴다면 상대방과 다른 내 입장이 충분히 구체적으로 설득력 있게 표현되어야 한다. 자기 입장을 내세우고 싶은 상대방은 당연히 그 글을 읽고 마음이 불편할 것이다. 하지만 그 불편함이 없다면 상호 이해와 합의는 달성되지 않는다. 이렇게 보면 글쓰기는 출발부터 불편함을 안겨주겠다는 목표를 지니는지도 모른다.

그러니 용기를 내도 좋다. 우리는 모두 나와 생각과 입장이 다른 불편한 글을 읽으며 상대와 세상을 이해해간다. 불편한 주제를 글로 쓸 수 있다는 건 얼마나 다행인가. 말로 하다가는 자칫 고성과 몸싸움으로 이어지기 십상이 아닌가.

인생 중반,
나는 조금씩 앞으로 나아갈 것이다

지금까지 자신의 일상과 마음, 과거와 실패를 돌아보는 과정이 어떠했는지 모르겠다. 힘들었던 (혹은 지금의 힘든) 상황을 굳이 끄집어내는 일이 너무 괴롭지는 않았을까 걱정이 된다. 만약 그랬다면 용서를 빈다. 또한 자신의 삶과 바로 연결되지 않는 질문이 많다는 느낌이 들었다면 이 또한 양해를 구한다. 이는 나라는 한 사람의 경험과 상상력에 엄연히 존재하는 한계 때문이다. 하지만 책에 나온 질문을 출발점으로 삼아 자신에게 맞는 질문으로 바꿔보고 거기에 답을 해주었다면 이 책의 목표는 충분히 달성된 셈이다.

나는 스스로를 운명론자라 부르며 살아왔다. 삶의 방향은 어차피 운명이 결정하게 되는 것이라 생각했다. 그래서 운명이 내미는 손을 그저 마주 잡았다. 그렇게 진학을 하고 결혼을 하고 취직을 했다. 물론 운명이 준 기회 안에서는 나름대로 노력을 다했다. 다만 내가 알아서 새로운 길을 개척하고자 아득바득하지는 않았다. 운명론자가 된 것은 운명이 내게 펼쳐준 인생이 그럭저럭 나쁘지 않았기 때문이었는지도 모르겠다는 생각도 든다. 아니었다면 거기 순응해 고분고분 살 수 없었을지도 모르니.

지금까지는 운명론자였다 해도 인생 중반 단계에서는, 주어진 여러 의무와 책임으로부터 한 걸음 물러서는 그때에는 조금 달라져야 하지 않을까 싶다. 느슨해진 일상의 틀을 채워나가는 데는 운명보다 내 몫이 더 클 것 같아서, 이전 어느 때보다 더 크게 주어질 자유와 결정권을 헛되이 날리기가 아까워서.

현실과 무관한 공상을 현실처럼 말하는 것을 '허언증'이라고 한다. 과시와 허세를 위한 행동이어서 대개 부정적으로 여겨지곤 한다. 그런데 흥미로운 점이 있다. 허언증인 사람은 자신이 입 밖에 내어 하는 말을 자기 귀로 듣는 과정을 통해 점점 더 확신을 갖고 믿게 된다는 것이다. "나는 이 정도로 대단한 사람이야"라고 떠드는 과정이 반복되면서 이를 결국 사실처럼 받아들인다. 소리로 나온 말은 힘을 지닌다.

이와 반대로 "난 이것밖에 안 되는 사람이야"라는 혼잣말을 자주 한다면 어떨까. 내가 한계를 넘어서 '이것'을 극복할 가능성은 그만큼 줄어들지 않을까.

허공에 흩어지는 소리도 이럴진대 기록된 글은 한층 더 힘이 세다. 글로 쓰이기까지 궁리하고 고민하는 시간이 더 긴 법이고 다시 찾아 읽으면서 생각할 기회도 있기 때문이다. '나는 이런저런 약점과 흠이 있지만, 그래도 이렇게나 많은 능력과 장점이 있는 사람이야' 혹은 '나는 이런 것을 좋아하고 저런 것은 싫어하니 나를 위한 선택을 할 때 고려해줘야 해'와 같은 글을 써두었다면 이를 기억하면서 내 삶의 자유와 결정권을 더 현명하게 사용할 수 있지 않을까. 물론 한번 정리한 내 모습이 그대로 고정될 이유는 없다. 인생 경험이 쌓이면서 내 모습도 변화해갈 것이니.

모든 이의 삶은 한 권의 이야기이고 하나의 역사이다. 나의 오늘은 곧 과거로 넘어갈 것이다. 나는 또다시 실패를 경험하고 실수를 저지를 것이다. '하지만 그럼에도' 나 자신을 이해하고 내가 원하는 바를 안다면, 소중한 나를 잘 보살피며 내일을 계획할 수 있다면 나는 조금씩 앞으로 나아갈 것이다.

나를 다잡기 쉽지 않은 세상에서 당신의 건승을 빈다. 자신을 기꺼이 일으켜 세우는 당신을 응원한다.

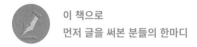

이 책으로
먼저 글을 써본 분들의 한마디

질문의 내용이 글쓰기에 아주 좋았습니다. 특히 이별을 겪거나 아픔을 겪은 사람에게 저자 자신의 경험을 먼저 들려준 뒤 써보라고 하는 것이 좋았습니다. 인생을 중반을 맞이한 사람에게, 자녀가 부모에게 선물하기에 좋은 책입니다.

—나운영

나를 돌아보고 위로하는 데 도움이 되는 책입니다. 무엇보다 나의 모습을 글로 써보니 구체적으로 정리되는 것 같아 좋았고, 나의 모습을 조금 더 가깝게 들여다보는 계기가 되었습니다.

—권해진

인생의 중반을 맞이한 사람들이 글쓰기에 용기를 내 도전할
수 있게 해주는 책입니다.　　　　　　　　　　　　　— 배경진

글을 쓰기 위해 저자가 던지는 질문이 독자로 하여금 하나
하나 생각하게 하고 삶을 되돌아보게끔 도와줍니다. 인생 2
막에 접어든 사람이 책과 노트를 들고 카페에 앉아 시간을
들여 자신에 대해 글을 써보는 아름다운 장면을 그려보게
합니다.　　　　　　　　　　　　　　　　　　— 이지은

여러 문장 중에서 나를 보살펴야 새로운 하루를 반갑게 맞
이할 수 있다는 문장이 공감이 갔습니다. 마음이 힘든 직장
동료에게 선물하고 싶은 마음입니다.　　　　　　— 강미옥

아이가 더 크고 상황이 나아지면 제 꿈을 이루기 위해 다시 시작할 수 있을 것 같습니다. 저자의 질문에 처음부터 끝까지 답하고 나니, 과거의 나에게 꿈을 포기하지 말고 끝까지 하고 싶은 것을 해보라는 조언을 해주고 싶습니다. ─신나라

글쓰기 전에 마음을 새롭게 다지기 위한 내용도 담겨 있어 좋았습니다. 마음 챙김과 마음 치유를 위한 책으로 읽혔습니다.

─박희진, 안신영

내가 먹은 것을 써보라는 질문이 기억에 남습니다. 그동안 생각해보지 않은 것을 생각하게 해주고 글로 써보는 시간을 갖게 해줘서 고마웠습니다.

— 한진수

너무 많으면 쓰기를 포기할 것 같은데, 책의 분량도 적당합니다. 내 일상과 마음, 과거와 실패를 짚어 보았으니 이제 이를 계기로 내일을 생각해보자는 말이 와닿습니다.

— 신숙희

지금까지 쓴 것을 다시 읽어보세요.

내가 좀 더 좋아졌나요?

나를 일으키는 글쓰기

인생 중반, 나에게 주는 작은 선물

초판 1쇄 발행 2021년 5월 25일
초판 4쇄 발행 2024년 2월 5일

지은이 • 이상원

펴낸이 • 박선경
기획/편집 • 이유나, 지혜빈, 김선우
마케팅 • 박언경, 황예린
디자인 • studioforb
제작 • 디자인원

펴낸곳 • 도서출판 갈매나무
출판등록 • 2006년 7월 27일 제395-2006-000092호
주소 • 경기도 고양시 일산동구 호수로 358-39 (백석동, 동문타워 I) 808호
전화 • (031)967-5596
팩스 • (031)967-5597
블로그 • blog.naver.com/kevinmanse
이메일 • kevinmanse@naver.com
페이스북 • www.facebook.com/galmaenamu

ISBN 979-11-90123-98-3/03190
값 14,000원